Artistes | numéro 20

LÉONARD DE VINCI,
UN GÉNIE UNIVERSEL
La science au service de l'art

par Tatiana Sgalbiero

50MINUTES

Avec la collaboration de Julie Piront

LÉONARD DE VINCI

- **Nom ?** Leonardo di ser Piero Da Vinci, dit Léonard de Vinci.
- **Naissance ?** Né le 15 avril 1452 à Vinci, en Toscane (Italie).
- **Mort ?** Décédé le 2 mai 1519 au Clos Lucé, près d'Amboise (France).
- **Contexte ?** La Renaissance italienne.
- **Œuvres majeures ?**
    - *L'Annonciation* (1472-1475)
    - *L'Adoration des mages* (1481-1482)
    - *La Vierge aux Rochers* (version de 1483-1486)
    - *La Cène* (1494-1498)
    - *La Vierge aux Rochers* (version de 1495-1508)
    - *La Joconde* (1503-1505)
    - *La Vierge, l'Enfant Jésus et sainte Anne* (vers 1510)

Si sa préoccupation pour la connaissance fait de Léonard de Vinci un parfait représentant de son époque, il se démarque toutefois des autres artistes de la Renaissance par la diversité de ses centres d'intérêt, parmi lesquels il faut compter la peinture, la sculpture, l'architecture, l'hydraulique, l'optique, les mathématiques, la botanique, l'ingénierie militaire, l'anatomie ou encore la physique. Véritable génie, il est à l'origine d'une production picturale saisissante, de croquis incroyables et d'inventions en tous genres, certaines extrêmement modernes. Il a rassemblé toutes ses études dans des carnets qui totalisent plus de 7 000 pages, aujourd'hui dispersées dans le monde et partiellement perdues.

Au cours de sa vie, Léonard de Vinci voyage beaucoup, essentiellement dans le nord et le centre de l'Italie, mais également en France, ce qui lui permet de rencontrer la plupart des personnalités majeures de son époque : les artistes italiens Bramante (1444-1514),

Sandro Botticelli (1445-1510), Domenico Ghirlandaio (1449-1494), Michel-Ange (1475-1564) et Raphaël (1483-1520), l'écrivain Machiavel (1469-1527), le pape Léon X (1475-1523), le prince Laurent de Médicis (1449-1492), le duc Ludovic Sforza (1452-1508), le comte César Borgia (1475-1507) ou encore le roi François Ier (1494-1547).

Ses œuvres artistiques et d'ingénierie exercent une grande influence sur les réalisations de son époque : on distingue généralement un « avant » et un « après » Léonard de Vinci, surtout en peinture où il a développé de nouvelles techniques de représentation telles que le *sfumato* ou la perspective atmosphérique. Mais s'il marque un véritable tournant artistique entre le XVe et le XVIe siècle, son parcours n'est pourtant pas des plus aisés : aucun de ses protecteurs, jusqu'à François I[er,] ne lui apporte entière satisfaction, et il ne parvient généralement pas à se soumettre à leurs impératifs, ni à imposer ses idées. C'est sans doute la raison pour laquelle la plupart de ses œuvres sont restées inachevées et semblent parfois si mystérieuses.

CONTEXTE

LA RENAISSANCE EN ITALIE

Le XVe siècle voit l'avènement de la Renaissance en Italie, plus pré-
cisément à Florence. Ce vaste mouvement de renouveau artistique
et culturel, qui gagne le reste de l'Europe au XVIe siècle, consiste
principalement en une redécouverte de l'Antiquité classique, à travers l'étude des textes grecs et latins, et en une revalorisation du
savoir en général. Les érudits de l'époque affirment la dignité de
l'homme, capable de s'élever grâce à ses connaissances. L'heure est
donc à la recherche et aux découvertes, qui enrichissent tous les
domaines scientifiques. Les sculpteurs et les architectes, notamment, développent de nouvelles théories (perspective, système de
proportions, etc.) qui ont un impact direct sur l'art.

Dans ce domaine, on constate un changement du statut de
l'artiste, qui est désormais reconnu en tant que tel : il signe ses
œuvres de son nom et cesse d'être considéré comme un simple
artisan. Quant à la production artistique, elle puise son inspiration
dans l'Antiquité et met en avant de nouveaux sujets : les thèmes
profanes se multiplient (portraits, nus, allégories mythologiques).
L'art devient en outre un outil de glorification des princes et des
villes italiennes qui développent considérablement le mécénat.
L'artiste reçoit alors de nombreuses commandes et acquiert de
plus en plus de prestige.

LA RÉPUBLIQUE FLORENTINE

Au XVe siècle, l'Italie se compose d'une multitude de cités-États (le pays ne sera unifié qu'en 1870). Parmi elles, Florence est depuis 1434 aux mains de la famille Médicis, dont l'autorité est entièrement basée sur leur fortune personnelle. Sous leur impulsion, la ville connaît une période florissante à tous points de vue : politique et économique, mais également culturel, puisque Florence devient, surtout grâce à Laurent de Médicis (1449-1492), dit Laurent le Magnifique, le principal foyer artistique de la péninsule italienne. Les plus grands artistes et penseurs de l'époque y sont réunis. Toutefois, suite à la mort de Laurent de Médicis, Florence entre dans une période de crise qui culmine en 1494, lorsque Pierre II (1472-1503), l'un de ses fils, est expulsé de la cité. Cet acte marque le début de l'exil des Médicis, qui ne prendra fin qu'en 1512.

De plus, lancé à la conquête du duché de Milan et du royaume de Naples, le roi de France, Charles VIII (1470-1498), s'empare de la ville la même année, en 1494. Aussi l'atmosphère est-elle à la peur. Une peur renforcée par la vague de millénarisme qui touche les Florentins : ceux-ci, à l'approche de l'an 1500, craignent la fin du monde. Profitant de ce climat d'inquiétude pour imposer ses idées, le prêtre Jérôme Savonarole (1452-1498) prêche pour un retour à l'austérité, et organise des bûchers dans lesquels il fait brûler livres, tableaux, bijoux et tous les objets qu'il estime être source de vanité. Mais ses pratiques déplaisent aux autorités florentines et au pape Alexandre VI (1431-1503), et il est exécuté à Florence en 1498.

En 1502, la ville élit Pier Soderini (1452-1622), prieur de Florence, au poste de gonfalonier (chef du gouvernement) à vie. Mais lorsque Jean de Médicis (1475-1521), le deuxième fils de Laurent le Magnifique, devient pape en 1513 sous le nom de Léon X, les Médicis reviennent au pouvoir. Le souverain pontife met son frère, Julien de Médicis (1478-1516), à la tête de Florence. Dès lors, la papauté contrôle la ville, jusqu'au sac de Rome en 1527 par Charles Quint (1500-1558).

MILAN ET ROME, LES RIVALES DE FLORENCE

Milan est également la capitale d'un riche duché fondé par les Visconti et gouverné par la famille Sforza depuis 1450. Bien qu'elle n'égale pas Florence, la cité milanaise est également un centre culturel majeur, surtout sous la gouvernance de Ludovic Sforza (1452-1508), à partir de 1476. Milan connaît alors une période de grande prospérité politique, économique, culturelle et artistique. Bien que sa cour ne comporte que peu de personnalités de haut rang, Ludovic Sforza ambitionne de rivaliser avec Florence et les Médicis. Toutefois, il développe davantage les recherches scienti-fiques et les divertissements que les arts, ceux-ci ne l'intéressant que pour légitimer sa puissance. Son objectif est de créer à Milan une nouvelle Athènes qui rassemblerait tous les grands penseurs et artistes de son temps. Mais rapidement, Ludovic Sforza éprouve des difficultés à conserver le pouvoir sur son duché. En 1500, lors de la bataille de Novare, il est livré aux Français par ses mercenaires, qu'il n'a pas payés. Il est alors emprisonné à Loches, en France, où il meurt en 1508.

Quant à Rome, elle est en conflit avec Florence tout au long du xvᵉ siècle : la cité papale tente par tous les moyens d'étendre son autorité sur la Toscane, en vain. La situation change lorsque Julien de Médicis est élu pape sous le nom de Léon X. Rome s'attribue alors l'autorité sur Florence et, au début du xvıᵉ siècle, supplante la cité florentine comme principal centre artistique italien. Il s'agit de la grande époque du mécénat romain, et une véritable fièvre constructrice s'empare de la cité papale. Cela se traduit notamment par la démolition, en 1505, de la basilique Saint-Pierre et par sa reconstruction, qui s'étale sur plus d'un siècle. Aussi, pour répondre aux aspirations artistiques de la ville, le pape fait-il venir à Rome les plus grands peintres, sculpteurs et architectes de l'époque (Bramante, Michel-Ange, Raphaël, etc.). Ce faisant, la cité romaine consolide sa position politique et accroît son prestige.

LES GUERRES D'ITALIE

La fin du xvᵉ siècle est marquée par les guerres d'Italie, qui voient l'invasion de la péninsule italienne par la France. L'objectif des Français est de récupérer des territoires qu'ils estiment leur appartenir.

Le roi de Naples, René d'Anjou (1409-1480), meurt en 1480 sans héritier et lègue ses biens au roi de France. Dès 1492, Charles VIII, désireux de faire valoir ses droits, prépare la première guerre d'Italie (1494-1495), au cours de laquelle il récupère le royaume de Naples. Mais il le perd très rapidement suite à la coalition de ses ennemis et est alors contraint de rentrer en France.

Son successeur, Louis XII (1462-1515) reprend le flambeau : en tant que petit-fils de Valentine Visconti (1368-1408), il se dit l'héritier légitime du Milanais. En 1499, il s'empare donc du duché de Milan, où il fait prisonnier Ludovic Sforza. Il récupère également le royaume de Naples avec l'aide du royaume d'Aragon. Mais, à nouveau, la France ne conserve aucune de ses conquêtes suite à l'alliance de ses adversaires. Il faut attendre François 1er et la bataille de Marignan en 1515 pour que les Français contrôlent le duché de Milan et abandonnent définitivement Naples aux Espagnols qui les ont aidés à conquérir ce royaume seize ans plus tôt.

Les guerres d'Italie ont d'importantes conséquences culturelles, puisqu'elles permettent à la France d'entrer en contact avec l'art de la Renaissance italienne. Certains artistes italiens, parmi lesquels Léonard de Vinci, les architectes et sculpteurs Sebastiano Serlio (1475-1554) et Girolamo della Robbia (1488-1566), l'artiste Benvenuto Cellini (1500-1571) ou encore le peintre le Primatice (1504-1570), se rendent en France où ils diffusent l'art renaissant, ainsi qu'en Flandre et en Allemagne. De même, des artistes et écrivains français comme François Rabelais (1494-1553) et Joachim Du Bellay (1522-1560) se rendent en Italie afin de s'y initier à la culture renaissante.

BIOGRAPHIE

L'APPRENTISSAGE FLORENTIN

Léonard de Vinci naît le 15 avril 1452 dans le village de Vinci, en Toscane. Enfant illégitime de Ser Piero, issu d'une famille de notaires, et d'une certaine Caterina, probablement servante, il passe les quatre premières années de son enfance auprès de sa mère avant de rejoindre la maison paternelle. Il y reçoit une éducation simple : il apprend à lire, à écrire, à compter et on lui enseigne les bases du latin. Le jeune garçon observe beaucoup la nature qui l'environne. Par ailleurs, sa grand-mère l'initie à l'art, qu'il a également l'occasion d'admirer à Vinci et dans les villes avoisinantes.

Doué pour le dessin et la peinture, en 1469, il entre dans l'atelier d'Andrea Verrocchio (1435-1488) à Florence. Il y côtoie des artistes tels que Sandro Botticelli ou Domenico Ghirlandaio. Son maître l'initie d'abord aux bases de la peinture (le broyage des pigments, la création des liants, etc.), avant de lui permettre de réaliser certains détails de ses propres tableaux, par exemple l'ange de gauche et le paysage du *Baptême du Christ* (1475-1478). Léonard de Vinci apprend aussi la sculpture et l'orfèvrerie.

S'il est reconnu comme peintre professionnel dès 1472, le jeune artiste continue toutefois à travailler auprès de son maître. Il reçoit sa première commande publique en 1478 : il s'agit d'un retable pour la chapelle San Bernardo au palais de la Seigneurie à Florence, qu'il laisse inachevé. Durant cette première période de sa carrière, Léonard de Vinci réalise principalement des dessins et des études de la Vierge et de la nativité. Déjà à cette époque, il esquisse des systèmes mécaniques divers.

LE VOYAGE À MILAN

Malgré la qualité de son travail, Léonard de Vinci ne retient pas immédiatement l'attention de la famille Médicis. Mais, en 1482, Laurent le Magnifique l'envoie à Milan en tant qu'ambassadeur culturel auprès de Ludovic Sforza ; l'artiste y restera jusqu'en 1499. Il s'agit de sa période la plus active et de celle qui fera sa renommée. Il se consacre essentiellement à l'étude de problèmes d'ingénierie militaire et civile, aux sciences, ainsi qu'à l'organisation de fêtes somptueuses. C'est aussi à cette époque, entre 1494 et 1498, qu'il peint *La Cène* dans le réfectoire du couvent Santa Maria delle Grazie. Il consacre par ailleurs 16 années à l'étude du monument à la gloire de Francesco Sforza (1401-1466), mais il n'en viendra jamais à bout. Enfin, il crée également son propre atelier, où il accueille et forme de nombreux élèves dont Ambrogio de Predis (vers 1455-1508), Francesco Galli (vers 1470-1501), dit Napoletano, et le jeune Gian Giacomo Caprotti (vers 1480-1524), dit Salai, qui le suivra jusqu'en France.

En 1499, lorsque Louis XII envahit le duché de Milan et fait prisonnier Ludovic Sforza, Léonard de Vinci quitte la ville pour rejoindre Florence. En route, il s'arrête à Mantoue, à la cour d'Isabelle d'Este (1474-1539), qui tente en vain de le retenir, puis il fait halte à Venise où est appelé, en tant qu'ingénieur, à donner son avis sur les fortifications de la ville en raison de la menace d'invasion par les Turcs.

LE RETOUR À FLORENCE

De retour à Florence, Léonard de Vinci travaille à divers projets artistiques, d'ingénierie et de recherches diverses, tant pour les Français que pour Venise ou le sultan turc. Il accomplit quelques brefs voyages à Rome, où on le consulte notamment à propos de l'emplacement du *David* (1501-1504) de Michel-Ange ou encore au sujet de la stabilité de certains bâtiments. Ensuite, entre 1502 et 1503, le savant se rend à Ferrare et devient ingénieur militaire auprès de César Borgia, pour qui il parcourt l'ensemble de la Romagne, afin d'étudier les villes et les forteresses conquises. Léonard de Vinci réalise alors des cartes précises d'Imola (une ville d'Émilie) et du Nord de l'Italie. Finalement, alors que l'autorité de César Borgia est sur le point d'être annihilée par son ennemi, le pape Jules II, il rentre à Florence.

En 1503, l'artiste installe son nouvel atelier dans la cité florentine, dans la salle du pape de l'église Santa Maria Novella. Il est alors chargé de la réalisation d'une fresque sur la bataille d'Anghiari, afin d'orner la salle du grand conseil dans la Seigneurie florentine. Michel-Ange (1475-1564) réalise quant à lui une deuxième fresque pour la même salle, ce qui attise une certaine rivalité entre les deux artistes. Mais, à nouveau, Léonard de Vinci laisse son œuvre inachevée et entreprend plusieurs voyages. Il se rend notamment à Piombino et à Vinci en 1504, et plusieurs fois à Milan dans les années qui suivent. C'est à cette époque qu'il commence à peindre la célèbre Mona Lisa.

En 1507, Léonard de Vinci prend comme apprenti le jeune Francesco Melzi (vers 1491-1570), qui devient peu à peu son fils spirituel. Le jeune élève se dévoue entièrement au maître, même après sa mort.

LA RETRAITE FRANÇAISE

En 1508, Léonard de Vinci est de retour à Milan, suite à la demande de Charles d'Amboise (1473-1511) qui gouverne alors le duché pour le roi de France, Louis XII. Il reçoit le titre de « peintre et ingénieur » du roi de France et perçoit un salaire. Pourtant, à partir de ce moment-là, l'artiste ne peint presque plus.

Lorsque Maximilien Sforza (1493-1530) reprend Milan aux Français en 1512, Léonard de Vinci, considéré comme étant au service de la France, rejoint Rome. Là, il se consacre principalement à divers projets d'ingénierie, mais il côtoie aussi Bramante, Raphaël et Michel-Ange.

Sur l'invitation de François Ier, Léonard de Vinci quitte finalement Rome pour Amboise en 1516, emportant ses carnets et plusieurs tableaux dont *La Joconde* (1503-1505) et *La Vierge, l'Enfant Jésus et sainte Anne* (vers 1510). Il s'installe au manoir du Clos Lucé, mis à sa disposition par le roi de France qui, admiratif de son génie, lui offre une véritable retraite dorée en échange de quelques conversations. Léonard de Vinci reprend également ses activités d'organisateur lors de grandes fêtes, et conçoit et participe à différents projets urbanistiques, dont l'élaboration du château de Chambord.

Cependant, depuis quelques années, son état de santé se détériore et, bientôt, son bras droit est paralysé. Il s'éteint au manoir du Clos Lucé le 2 mai 1519, léguant ses dessins et ses notes à son élève et ami Francesco Melzi, son argent à ses frères et son vignoble à Salai.

De Vinci vu par Freud

Dans son livre intitulé *Un souvenir d'enfance de Léonard de Vinci* (1910), Sigmund Freud (1856-1939) se base sur une anecdote de l'enfance de Léonard de Vinci pour analyser sa personnalité. Ses tableaux deviennent des révélateurs de ses phantasmes, et particulièrement de sa nostalgie d'une relation intense avec la figure maternelle, qui serait à la base de son homosexualité. Bien que celle-ci ne puisse être prouvée de manière assurée, deux documents de 1476 relatent un procès pour sodomie dans lequel Léonard de Vinci est impliqué. Ils mentionnent également sa relation avec Verrocchio. Mais l'affaire reste sans suite. Aussi la relation entre de Vinci et Salai soulève-t-elle beaucoup de questions restées sans réponse.

CARACTÉRISTIQUES

L'EMPREINTE DE VERROCCHIO

Les années passées par Léonard de Vinci auprès de Verrocchio ont un grand impact sur ses œuvres peintes : on retrouve incontestablement certains traits du maître chez l'élève. C'est notamment le cas du fameux sourire, considéré comme la signature de de Vinci. En effet, la plupart des personnages peints par l'artiste arborent un franc sourire que certains considèrent comme mystérieux, surtout celui de Mona Lisa. Pourtant, ce sourire énigmatique est déjà présent dans les œuvres de Verrocchio. La seule différence réside peut-être dans sa signification : si Verrocchio ne lui attribue aucun sens particulier, de Vinci le conçoit pour sa part comme un « reflet de l'âme, de l'attitude humaine face au monde » (SANTI (Bruno), *Léonard de Vinci*, Paris, Princesse, 1976, p. 62).

L'influence de Verrocchio est également perceptible à l'aspect angélique des visages peints par son élève et à leur couronne de cheveux. De plus, certaines œuvres de Léonard de Vinci semblent directement inspirées de tableaux du maître. Son *Portrait de Ginevra Benci* (1475), par exemple, ressemble beaucoup au buste de la *Dame au petit bouquet* (1475-1480) sculpté par Verrocchio.

Enfin, si Léonard de Vinci cherche tant à rendre compte, dans ses peintures, de la profondeur des scènes – par la perspective – et du volume des corps – par le contraste des tons clairs et obscurs –, c'est probablement là encore grâce à Verrocchio. Ce dernier, avant tout réputé comme sculpteur, n'a pas manqué d'enseigner à son étudiant les techniques et les particularités de cet art, d'où sa recherche de tridimensionnalité dans la peinture, sa volonté de représenter les sujets à 360°, comme si on pouvait en faire le tour. C'est particulièrement marquant dans ses portraits.

LA PEINTURE EST UNE SCIENCE

S'il s'inspire beaucoup de son maître, Léonard de Vinci élabore toutefois une méthode de travail originale et inédite.

Son objectif, dans ses tableaux, est de représenter au mieux la réalité, autrement dit de fournir un travail scientifique et exact. La précision et la rigueur sont donc primordiales. Ainsi, avant de peindre quoi que ce soit, l'artiste passe des heures, voire des jours, à observer les gens, les animaux et la nature, et à en faire de nombreux croquis qu'il analyse dans leurs moindres détails. Ses carnets rendent compte de cet important travail préparatoire. Il adopte toujours la même démarche : observer, répéter l'observation sous différents angles et dessiner. Il étudie également les sciences – l'anatomie, la botanique, l'optique, la géométrie, etc. – et se livre à des expériences – qui vont jusqu'à la dissection de cadavres humains et animaux, afin de comprendre le fonctionnement du corps. Ensuite, à partir de ses observations, notes et croquis, il peut composer une œuvre correspondant exactement au réel. Pour ses paysages, il combine tant de détails réalistes qu'il en arrive à reproduire une nature parfaitement complète qui apparaît dès lors comme un espace idéal au caractère infini. La technique du *sfumato* accentue encore cette particularité.

De ses importantes et incessantes recherches résulte un renouvellement du métier d'artiste et une nouvelle conception du peintre : celui-ci devient un chercheur, un scientifique, tandis que la peinture s'assimile à une véritable science, voire à la science suprême puisqu'elle combine toutes les autres. L'objectif de l'art étant dorénavant de fournir la représentation la plus fidèle possible du réel, il s'agit non plus de réaliser des compositions neutres aux personnages figés, mais de traduire le vécu des protagonistes et de représenter la vie elle-même. *La Cène*, où Léonard de Vinci peint avec un réalisme frappant les émotions des apôtres à l'annonce faite par Jésus, illustre particulièrement bien cette ambition. Le mouvement devient alors un élément primordial dans la mesure où il aide à traduire les sentiments. En ce sens, les observations anatomiques de l'artiste constituent une précieuse source d'informations : grâce à sa compréhension du corps humain, il peut représenter tous les mouvements de façon réaliste.

LEON BATTISTA ALBERTI

Leon Battista Alberti (1404-1472) est le premier théoricien des arts de la Renaissance. Dans ses traités sur la peinture et l'architecture, il théorise notamment la perspective et le respect des proportions corporelles. Selon lui, l'artiste moderne doit connaître la perspective, la géométrie ou encore l'anatomie. Ainsi, déjà avec Alberti, l'art induit une démarche scientifique avec des préceptes à suivre afin d'atteindre un idéal. Comme beaucoup d'autres artistes de l'époque, Léonard de Vinci s'appuie sur les principes édictés par Alberti.

DES INNOVATIONS TECHNIQUES MAJEURES

Outre le fait qu'il soit l'un des premiers artistes italiens à peindre à l'huile, Léonard de Vinci innove en créant de nouveaux procédés picturaux.

- On l'associe généralement à la technique du *sfumato*, qui consiste à superposer plusieurs microcouches de peinture afin d'obtenir un effet vaporeux sur les contours des corps. Il en résulte un modelé plus naturel des formes. Aussi le *sfumato* permet-il de produire un grand nombre de nuances de couleurs sur une petite partie de tableau.

- La seconde grande invention technique attribuée à de Vinci est la perspective atmosphérique. Il s'agit d'estomper progressivement les formes et les couleurs afin de distinguer les différents plans de la composition tout en les intégrant les uns aux autres. Cette technique permet d'adoucir les contrastes et de gommer les formes des objets éloignés qui semblent dès lors se fondre dans une atmosphère brumeuse.

Léonard de Vinci se distingue également des artistes précédents en ce qui concerne sa conception du paysage et du portrait. Il est l'auteur du premier véritable paysage de l'histoire de l'art : il s'agit d'un dessin à la plume représentant la vallée de l'Arno (1473). Avec de simples traits et hachures, il parvient à rendre le mouvement de l'eau et du vent dans les feuilles, et la perspective ainsi que les jeux d'ombre et de lumière semblent naturels. Auparavant, le paysage, quand il était représenté, ne servait qu'à combler l'arrière-plan. Désormais, il devient le sujet principal de l'œuvre. Quant au portrait, genre très à la mode, Léonard de Vinci lui donne une nouvelle orientation, en proposant un type de portrait inédit : le portrait allégorique, qui a pour particularité de représenter concrètement (par des objets, des couleurs, etc.) l'intériorité du personnage et qui rend mieux le mouvement. Pour ce faire, l'artiste joue avec la lumière en disposant ses personnages sur un fond sombre, afin de leur donner davantage de volume, et crée une structure dite « spiraliforme », qui consiste à imprimer aux figures un effet de rotation.

Enfin, il ne faut pas oublier que Léonard de Vinci est à la base de la composition pyramidale, qui sera reprise par de nombreux artistes ultérieurement. Aussi développe-t-il l'art de grouper ses personnages de façon à ce qu'ils s'unissent dans une composition clairement définie et accentuée par des jeux de regards qui les lient encore davantage entre eux et expriment leur relation particulière.

LA CÈNE

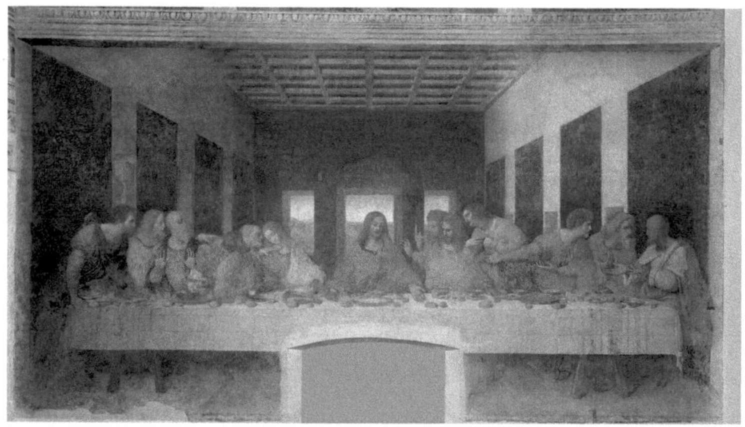

La Cène, 1494-1498, fresque, 460 x 880 cm, Milan, réfectoire du couvent Santa Maria delle Grazie.

Cette œuvre est une commande de Ludovic Sforza pour le couvent dominicain Santa Maria delle Grazie à Milan. Elle représente l'annonce faite par Jésus aux apôtres de la trahison de Judas, lors de l'eucharistie, selon une composition inédite. En effet, représenter treize personnages attablés n'est pas aisé. Habituellement, Judas se démarque des apôtres en étant positionné face à eux, mais Léonard de Vinci rompt avec la tradition en représentant Judas à table, aux côtés de Jésus et des apôtres. Le traître, assis à la droite du Christ, se distingue seulement des autres personnages par son absence de réaction.

Dans cette fresque monumentale, Léonard de Vinci accorde une grande importance au rendu des sentiments. C'est la première fois dans l'histoire de ce motif pourtant très prisé que l'accent est mis sur le ressenti des personnages et non sur l'événement dont il est question. De Vinci nous offre ainsi une véritable analyse psychologique de chacun des protagonistes représentés, à travers leurs gestes mouvementés et l'expression de leur visage : l'un s'arrête de boire, stupéfait, un autre a l'air soucieux, un troisième, bouleversé, renverse un verre sur la table, etc. La variété des postures et des expressions fait de cette œuvre une véritable étude de l'âme humaine.

La Cène offre également un examen avancé de la perspective : si Léonard de Vinci suit les règles de base, il va en effet plus loin en développant une perspective plus réaliste, qui correspond mieux à la vision de l'œil humain. En donnant l'impression que le réfectoire et la scène représentée sont en continuité directe, la fresque offre une ouverture et prolonge l'espace du réfectoire du couvent. C'est d'autant plus vrai que les objets peints dans l'œuvre sont identiques aux objets réels utilisés par les moines.

Malheureusement, l'état de conservation de *La Cène* est déplorable. Déjà à l'époque de sa création, cela posait problème en raison de la méthode utilisée par Léonard de Vinci : désireux de tenter une expérience, il délaisse la technique habituelle de la fresque pour un mélange d'huile et de détrempe (peinture où les pigments sont broyés dans l'eau et mélangés avec de la gomme) afin de pouvoir retoucher son œuvre quand il le désire. Mais, rapidement, la fresque s'abîme, notamment à cause de l'humidité de la salle. Au fil des siècles, les restaurateurs qui sont intervenus n'ont fait que dénaturer l'œuvre originale, mais, au XXe siècle, de nouvelles opérations ont heureusement permis de retrouver les vestiges de *La Cène* de de Vinci.

Une œuvre très convoitée

La Cène connaît d'emblée un grand succès. Lorsqu'il visite le couvent, François Ier tombe en admiration devant la fresque, allant même jusqu'à demander qu'on casse le mur pour emporter l'œuvre en France. Par la suite, Napoléon Ier (1769-1821) émet lui aussi le souhait de la transporter dans l'Hexagone. Malgré cela et en dépit de la destruction du couvent par les bombardements en 1943, *La Cène* se trouve toujours au même endroit.

LA JOCONDE

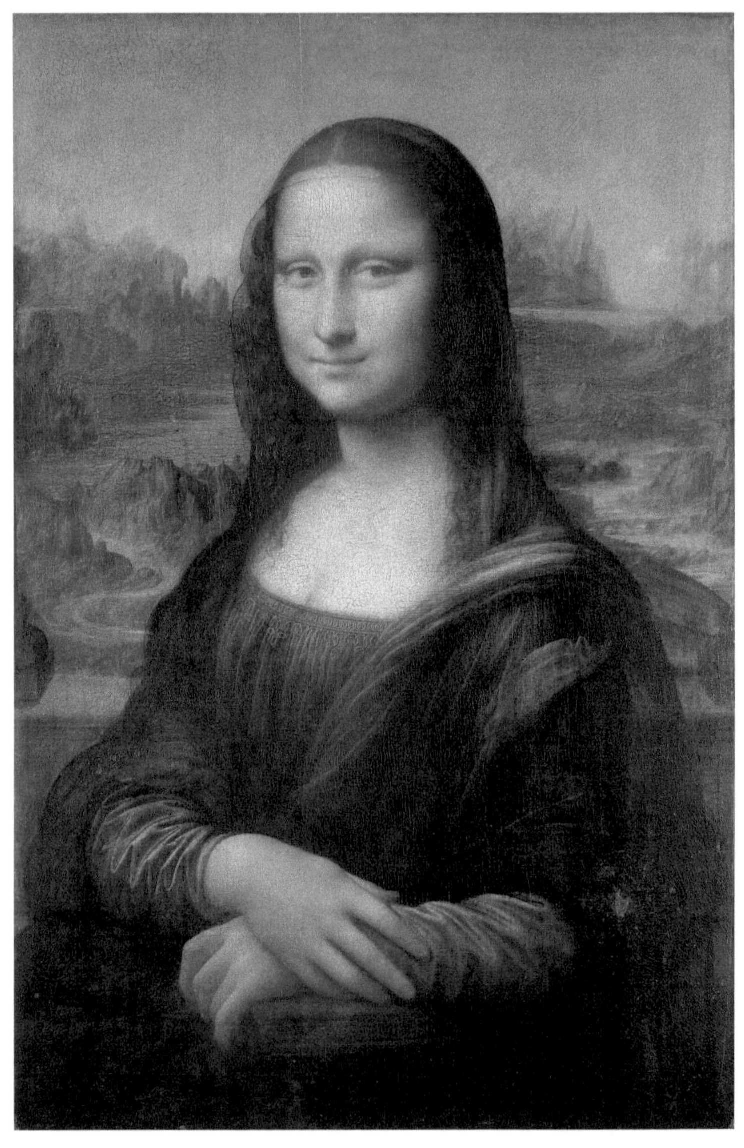

La Joconde, 1503-1505, huile sur bois, 77 x 53 cm, Paris, musée du Louvre.

Ce portrait représente Mona Lisa, l'épouse d'un riche commerçant florentin, Francisco del Giocondo, et est réalisé à la demande de ce dernier. Pourtant, le tableau ne sera jamais livré : à la mort de Léonard de Vinci, il entre dans les collections françaises. Les radiographies montrent que le peintre a retouché son œuvre à de multiples reprises, preuve qu'il était toujours en quête de perfection.

C'est la première fois qu'un portrait italien représente un modèle dans un cadre aussi large : la moitié supérieure du corps est entièrement visible, sans que rien ne soit collé au bord du cadre ou partiellement caché. La jeune femme est représentée en buste, légèrement inclinée – ce qui permet de la voir sous tous les angles –, le regard dirigé vers le spectateur. Sa position à l'avant-plan donne une impression de monumentalité qui déconcerte lorsque l'on connaît les petites dimensions du tableau. Cela accentue cependant le charme et la stabilité qui se dégagent du personnage, bien qu'il en émane également une certaine froideur. Ses yeux et son sourire reflètent à la fois ironie et sagesse.

Le paysage à l'arrière-plan est imaginaire. D'ailleurs, les deux lignes d'horizon, de part et d'autre du visage du personnage, ne coïncident pas. La différence de niveau souligne le sourire et donne l'impression qu'il n'est que l'esquisse d'un rire franc. Il s'agit de l'élément central du tableau, au point qu'il donne l'impression que le reste n'est peint que pour l'encadrer. Il synthétise des pensées très variées, ce qui le rend universel et confère en même temps à la Joconde un côté atemporel. Aussi fait-il partie du mystère qui aujourd'hui encore entoure l'œuvre : pourquoi Mona Lisa sourit-elle et pourquoi Léonard de Vinci a-t-il peint ce portrait ? La question reste sans réponse. Mais plus encore, certains doutent de l'identité de la jeune femme représentée et sa beauté quasi surnaturelle a toujours suscité beaucoup d'émotions. Elle reçoit sans cesse de nouvelles identités : l'idéal féminin, un vampire, une sphinge, une sirène, une madone, une prostituée ou même un hermaphrodite. Quoi qu'il en soit, la combinaison du sourire énigmatique et du paysage irréel transforment ce simple portrait en la représentation d'un idéal.

Enfin, notons qu'avec ce tableau, Léonard de Vinci porte à son apogée la technique du *sfumato*, qui permet de lier Mona Lisa à la nature en arrière-plan. L'œuvre présente ainsi une véritable harmonie : l'aque-duc lointain, dans le paysage de droite, prolonge l'écharpe posée sur l'épaule de la jeune femme, tandis que les boucles de ses cheveux se fondent dans les rochers du paysage de gauche.

LHOOQ

La Joconde, probablement l'œuvre la plus célèbre au monde, a encore vu sa popularité augmenter lors du vol du tableau en 1911, au Louvre, par Vincenzo Peruggia (1881-1925), un ouvrier italien qui souhaitait ramener la toile dans sa patrie. Aussi, tout au long du XXe siècle, cette œuvre est-elle le point de départ de nombreuses réactions artistiques contestataires face à l'art traditionnel, dont la plus célèbre est sans doute celle de Marcel Duchamp (1887-1968) qui, en 1919, affuble Mona Lisa d'une moustache et d'une barbiche, rebaptisant le tableau *LHOOQ*.

LA VIERGE AUX ROCHERS

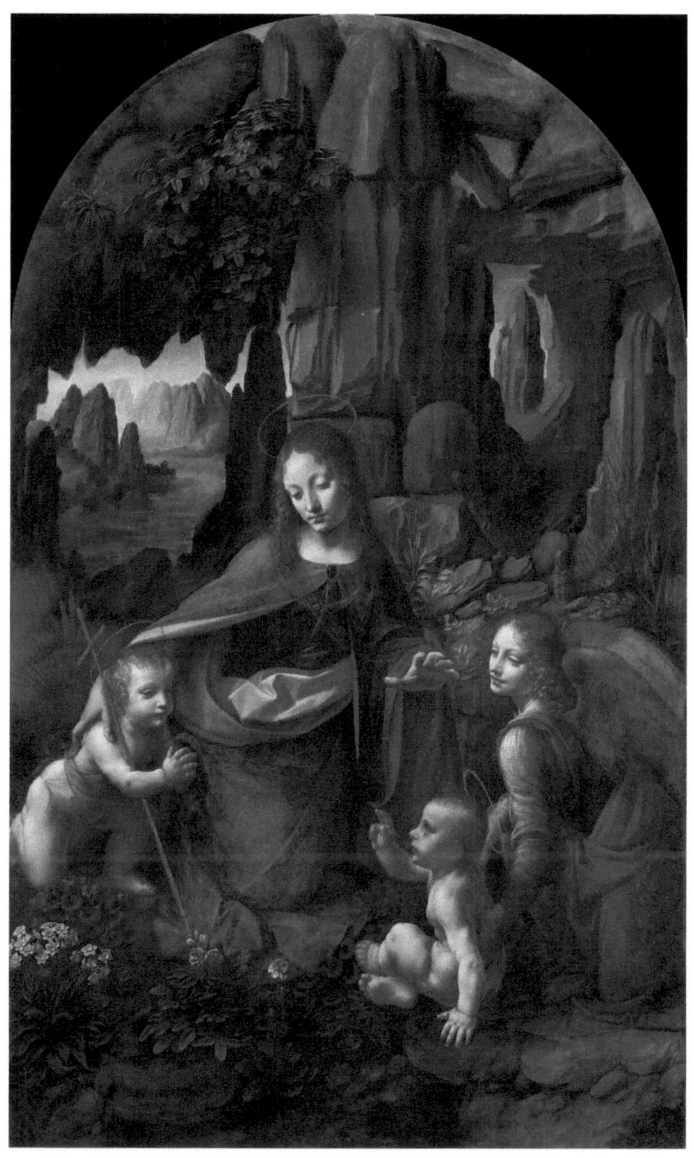

La Vierge aux Rochers, 1495-1508, huile sur bois, 189,5 x 120 cm, Londres, National Gallery.

Ce tableau existe en deux versions : la première (1488) est conservée au Louvre, à Paris, et la seconde à la National Gallery de Londres. Cette dernière est le panneau central d'un retable en triptyque destiné à l'oratoire de Saint-François le Grand, à Milan. Deux anges exécutés par des élèves de Léonard de Vinci ornent les volets latéraux.

Cette seconde version est la plus élaborée et la plus novatrice. Elle incarne ce que sera l'art du XVIe siècle avec ses grandes figures et ses contrastes soulignés par des jeux de clair-obscur qui mettent l'accent sur la physionomie et la plastique des représentations. Aussi a-t-on déjà affaire à une composition pyramidale : la Vierge est au sommet, tandis que les deux enfants (le Christ à droite et saint Jean-Baptiste à gauche) et l'ange sont sous ses bras tendus vers le bas. En outre, les personnages sont davantage conscients de leur rôle que dans la première version. Leurs visages expriment leur état d'esprit : la tendresse maternelle de la Vierge est rendue dans la douceur de ses traits, tandis que le sérieux de l'Enfant Jésus se traduit dans l'assurance de sa bénédiction et dans sa vivacité. Enfin, la scène est également plus surnaturelle que dans la première toile, ce qui la rend moins anodine.

Le paysage rocheux prend ici un sens métaphorique. La caverne à l'entrée de laquelle se déroule la scène représente à la fois la matrice maternelle et la caverne de la connaissance. Elle constitue un écrin, un lieu protégé et isolé dans lequel les personnages forment un tout uni. La toilee ne dépeint donc pas un épisode biblique précis et ne renvoie pas uniquement au mystère de l'Immaculée Conception, mais se voit dotée d'une infinité de sens différents : elle est susceptible de représenter tant la naissance du monde que, par exemple, la transmission et la divinisation du savoir. L'arrière-plan donne quant à lui l'aperçu d'un espace infini dans le coin gauche. Pourtant, tout dans cette composition est représenté avec beaucoup de réalisme.

Il s'agit probablement du tableau le plus énigmatique de Léonard de Vinci tant les questions qu'il pose sont nombreuses et non résolues. Quelle est la valeur symbolique réelle de la composition ? Quel sens donner aux gestes des protagonistes ? Faut-il voir dans cette composition une première classification des éléments terrestres (l'eau, l'air, la terre) ? S'agit-il d'une somme de toutes les connaissances ?... Le peintre n'a laissé aucun indice et les interprétations sont infinies.

LA VIERGE, L'ENFANT JÉSUS ET SAINTE ANNE

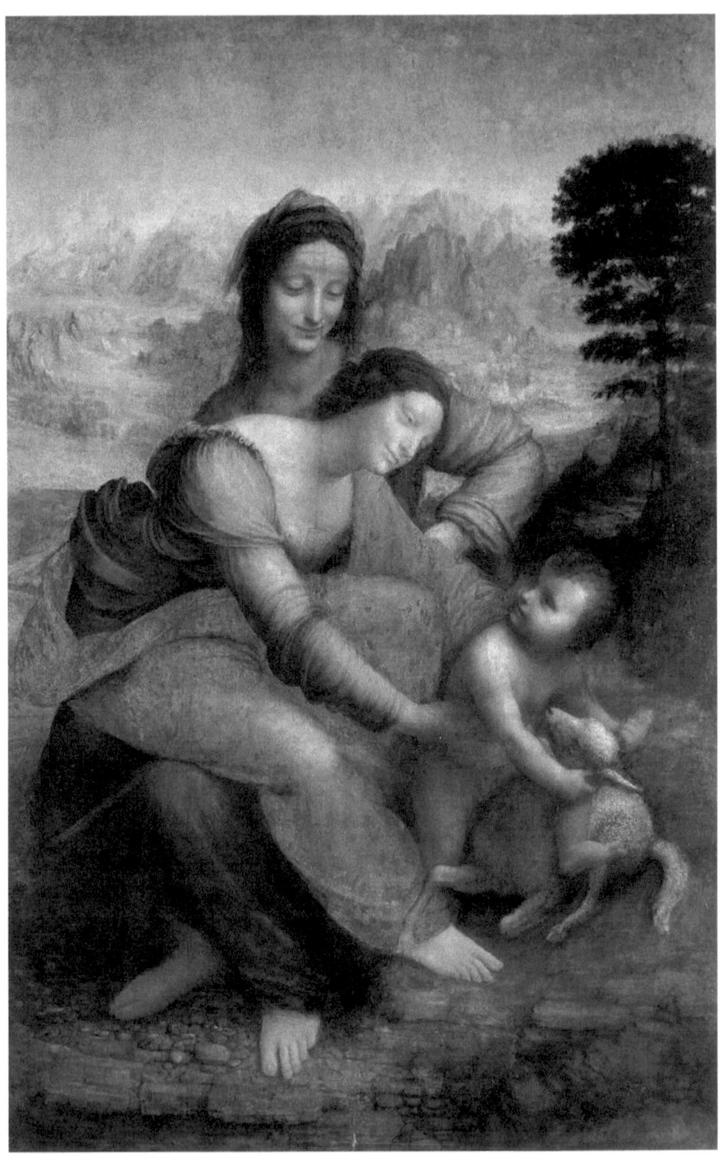

La Vierge, l'Enfant Jésus et sainte Anne, vers 1510, huile sur bois, 168 x 130 cm, Paris, musée du Louvre.

Le thème de cette œuvre hante Léonard de Vinci dès 1500. Il réalise d'ailleurs plusieurs croquis différents représentant la Vierge, l'Enfant Jésus et sainte Anne. L'épisode n'est pas issu de la Bible puisque sainte Anne meurt avant la naissance de Jésus. Il s'agit donc d'un sujet symbolique : la sainte Anne trinitaire, représentation de trois générations. Le tableau est commandé pour le maître-autel de l'église Santissima Annunziata à Florence, probablement par le roi Louis XII, à l'occasion de la naissance de sa fille unique, Claude, son épouse étant prénommée Anne. Mais la toile, inachevée, n'est jamais livrée.

La composition est extrêmement dynamique : les personnages ne sont pas figés mais en mouvement, comme s'ils étaient saisis dans le vif de l'action, leurs corps sont contorsionnés et l'eau semble réellement couler des montagnes de l'arrière-plan. Quant à la pyramide des personnages, elle est ici encore particulièrement nette. La Vierge, à l'arrière, prolonge sainte Anne, vêtue de rouge et d'un bleu intense. Elle établit ainsi le lien entre sa mère et l'Enfant Jésus, unissant les trois générations. Une union encore renforcée, notamment, par la diagonale des regards. En outre, son bras droit semble remplacer celui de sainte Anne, tandis que son bras gauche est continué par celui de l'Enfant. Ce positionnement donne l'impression que le mouvement de la mère vers son enfant est décomposé.

Par ailleurs, sainte Anne tient son bras comme si un enfant reposait sur celui-ci et la tête de la Vierge semble se poser sur l'épaule de sa mère comme le ferait un jeune enfant. L'agneau, quant à lui, symbolise la Passion du Christ, son avenir sacrificiel. Les expressions souriantes traduisent la tendresse, le sentiment maternel qui unit les personnages et leur volonté de se protéger l'un l'autre. Si les jeux de regards renforcent le sentiment d'union du groupe, ils soulignent également son isolement par rapport au spectateur. La scène semble se dérouler hors du monde des mortels, d'autant plus que le groupe est séparé du spectateur par un gouffre. Cette interprétation est renforcée par la présence, à l'arrière-plan, d'un paysage montagneux s'évaporant dans le bleu du ciel, qui donne à la représentation une impression d'infini. Le camaïeu de bleu est obtenu grâce à une série de glacis propres à la technique du *sfumato*. La perspective atmosphérique permet pour sa part de fondre sainte Anne, et donc le groupe, dans son environnement, particulièrement du côté droit de la scène, où les nuances de couleurs se font plus subtiles alors que l'éloignement des éléments est plus important.

Enfin, grâce à ses jeux de clair-obscur, Léonard de Vinci parvient à créer des drapés à la fois riches et légers : ils laissent entrevoir les formes des corps qu'ils enveloppent. Ainsi, la jambe droite de la Vierge semble transparaître à travers sa robe. Par ses jeux d'ombre et de lumière, l'artiste souligne également le sourire des personnages et leur expression bienveillante.

LÉONARD DE VINCI, UNE SOURCE D'INSPIRATION

L'influence de Léonard de Vinci est incommensurable, déjà de son vivant. Grâce à ses nombreux voyages, il rencontre de nombreuses personnalités et ne laisse personne indifférent. Aussi, en raison de la diversité de ses centres d'intérêt, ses recherches et ses découvertes pèsent-elles dans un grand nombre de domaines.

Ses élèves sont les premiers à transmettre sa marque. Ils constituent un ensemble de peintres, éparpillés autour de la Méditerranée, communément appelés les « léonardesques » tant leurs œuvres sont proches de celles de leur maître. Ils reprennent principalement son *sfumato* et le fameux sourire des personnages. Les plus connus sont Giovanni de Predis (1455-1508), Giovan Boltraffio (1467-1516) et Cesare da Sesto (1477-1523).

Léonard de Vinci a également exercé une grande influence sur Raphaël. La *Maddalena Doni* (1506) de ce dernier est très proche de *La Joconde* : elle présente la même posture, un cadrage similaire ainsi que le même dégradé de bleu en arrière-plan. Raphaël emprunte également à de Vinci la disposition pyramidale de ses personnages, notamment dans *La Belle Jardinière* (1505-1508), ainsi que le *sfumato* et les jeux de clair-obscur, par exemple dans *La Madone du Grand-Duc* (1504-1505). Comme lui, il groupe ses personnages, exprime leur relation de manière visuelle et idéalise la nature pour représenter un espace infini.

Les œuvres de l'Allemand Albrecht Dürer (1471-1528) témoignent également de l'influence du maître italien. Celui que l'on surnomme le Léonard du Nord s'intéresse surtout aux recherches de de Vinci en matière d'anatomie, de proportions et de sciences naturelles, ainsi qu'à ses dessins d'architecture militaire et à ses emblématiques entrelacs.

Dans le domaine des sciences, les apports de Léonard de Vinci sont également multiples. Les dessins issus de ses observations ont même révolutionné plusieurs secteurs scientifiques. En raison de leur précision et de leur exactitude, de Vinci est parfois considéré comme le père de la botanique. Il est aussi le premier à décrire la formation des roches sédimentaires et l'origine des fossiles marins, tandis que ses dissections lui permettent de découvrir certaines particularités anatomiques, notamment au niveau du cœur, et de mettre au point des techniques qui ont, depuis, considérablement fait progresser l'étude de l'anatomie. Mais ses études et ses inventions sont aussi à l'origine de créations ultérieures, et non des moindres, notamment la machine à vapeur.

Après sa mort, Léonard de Vinci est quasi divinisé, notamment grâce à la biographie rédigée à son propos par Giorgio Vasari (1511-1574) dans ses *Vies des meilleurs peintres, sculpteurs et architectes* (1550-1568). Cependant, dans les siècles suivants, de nombreux artistes s'opposent à la conception traditionnelle de l'art et prennent Léonard de Vinci comme bouc émissaire. Ainsi, à partir de John Ruskin (1819-1900), l'œuvre de de Vinci ne suscite que du dédain. Auguste Renoir (1841-1919) dit même que ce dernier l'ennuie. Et lorsque Freud publie la psychanalyse du peintre florentin, c'est un véritablement soulagement pour les artistes contemporains de découvrir que Léonard de Vinci n'était pas parfait. Il est dès lors possible de l'égaler, voire de le dépasser.

Tous ne s'opposent pas pour autant à lui. Par exemple, les futuristes italiens s'en sentent proches par leurs théories, même s'ils ont *La Joconde* en horreur. Quoi qu'il en soit, Léonard de Vinci continue de faire parler de lui, cinq siècles après sa mort, et, perpétuel objet de fascination, sert toujours d'inspiration et de point de départ à de nouvelles réflexions et théories artistiques.

EN RÉSUMÉ

- Léonard de Vinci naît en 1452 en Toscane. Bien qu'étant un enfant illégitime, il est reconnu et élevé dans sa famille paternelle. Son talent pour la peinture et le dessin lui permet d'entrer dans l'atelier de Verrocchio à Florence dès 1469.

- En 1482, il se rend à Milan auprès de Ludovic Sforza. Les dix-sept années qu'il y passe sont les plus productives de sa vie. C'est notamment à cette époque qu'il peint *La Cène*, dans le réfectoire du couvent Santa Maria delle Grazie.

- Il rentre ensuite à Florence, passe au service de César Borgia, revient à Milan et s'installe un temps au Vatican, avant de quitter définitivement l'Italie pour s'installer à Amboise, près de François Ier, où il meurt en 1519.

- Les centres d'intérêt de Léonard de Vinci sont extrêmement variés. Tout le fascine, de l'anatomie à la géologie en passant par l'optique, la botanique, l'architecture, la peinture, la sculpture ou encore l'ingénierie. En cela, il est un parfait représentant de son époque, assoiffée de connaissances.

- Il élabore une méthode de travail unique, révélatrice de sa curiosité sans bornes. Il passe un temps infini à observer tout ce qui l'entoure, note ses observations, fait des croquis et élabore des théories qu'il consigne sur des milliers de pages. Avec lui, l'art, fruit d'importantes recherches et d'observations minutieuses, devient une véritable science.

- Dans le domaine pictural, s'il est profondément influencé par son maître, Verrocchio, à qui il emprunte notamment le fameux sourire de ses personnages, il développe également de nouvelles techniques de représentation : la composition pyramidale, le *sfumato*, qui permet d'obtenir un effet vaporeux autour des corps, et la perspective atmosphérique, qui consiste à estomper progressivement les formes et les couleurs afin de marquer les différents plans de la composition. Par ailleurs, il est à l'origine du premier paysage artistique et crée les portraits allégoriques.

POUR ALLER PLUS LOIN

SOURCES BIBLIOGRAPHIQUES

- ALBERTI DE MAZZERI (Silvia), *Léonard de Vinci. L'homme et son temps*, Paris, Payot, 1984.
- ARASSE (Daniel), *Léonard de Vinci*, Paris, Hazan, 1997.
- BRAMLY (Serge), *Léonard de Vinci*, Paris, Le Livre de Poche, 1996.
- BRIOIST (Pascal), *Léonard de Vinci. Arts, sciences et techniques*, Paris, La Documentation française, 2011.
- DEBOLINI (Francesca), *Léonard de Vinci*, Paris, La Martinière, 2000.
- FRIDE-CARRASSAT (Patricia), *Les Maîtres de la peinture*, Paris, Larousse, 2001.
- KOERING (Jérémie), *Léonard de Vinci. Dessins et peintures*, Paris, Hazan, 2007.
- *Léonard De Vinci : un sacré bonhomme*, Paris, Historia Thématique, 2008, n° 113.
- MacCURDY (Édouard), *Les Carnets de Léonard de Vinci*, Paris, Gallimard, 1987.
- MARANI (Pietro), *Léonard de Vinci. Catalogue complet des peintures*, Paris, Bordas, 1991.
- MURRAY (Linda), *La Haute Renaissance et le maniérisme*, Paris, Thames et Hudson, 1995.
- SANTI (Bruno), *Léonard de Vinci*, Paris, Princesse, 1976.
- VEZZOSI (Alessandro), *Léonard de Vinci. Art et science de l'univers*, Paris, Gallimard, 1996.
- WALLACE (Robert), *Léonard de Vinci et son temps. 1452-1519*, Amsterdam, Time-Life, 1975.

SOURCES ICONOGRAPHIQUES

- Vinci (Léonard de), *La Cène*, 1494-1498, fresque, 460 x 880 cm, Milan, réfectoire du couvent Santa Maria delle Grazie. La photo reproduite est réputée libre de droits.
- Vinci (Léonard de), *La Joconde*, 1503-1505, huile sur bois, 77 x 53 cm, Paris, musée du Louvre. La photo reproduite est réputée libre de droits.
- Vinci (Léonard de), *La Vierge aux Rochers*, 1495-1508, huile sur bois, 189,5 x 120 cm, Londres, National Gallery. La photo reproduite est réputée libre de droits.
- Vinci (Léonard de), *La Vierge, l'Enfant Jésus et sainte Anne*, vers 1510, huile sur bois, 168 x 130 cm, Paris, musée du Louvre. La photo reproduite est réputée libre de droits.

SOURCES COMPLÉMENTAIRES

- Chauveau (Sophie), *Léonard de Vinci*, Paris, Gallimard, 2008. Il s'agit d'une biographie romancée de l'artiste.
- *Léonard de Vinci*, documentaire de Tim Dunn en deux parties (*L'homme qui voulait tout savoir* et *Liaisons dangereuses*), Royaume-Uni, 2003.
- *Léonard de Vinci. Chefs-d'œuvre masqués*, documentaire de Nigel Lévy, Royaume-Uni, 2008.
- *Léonard de Vinci. La restauration du siècle*, documentaire de Stan Neumann, France, 2012.
- *Léonard de Vinci. Dans la tête d'un génie*, documentaire de Julian Jones, France, Royaume-Uni et Canada, 2013.

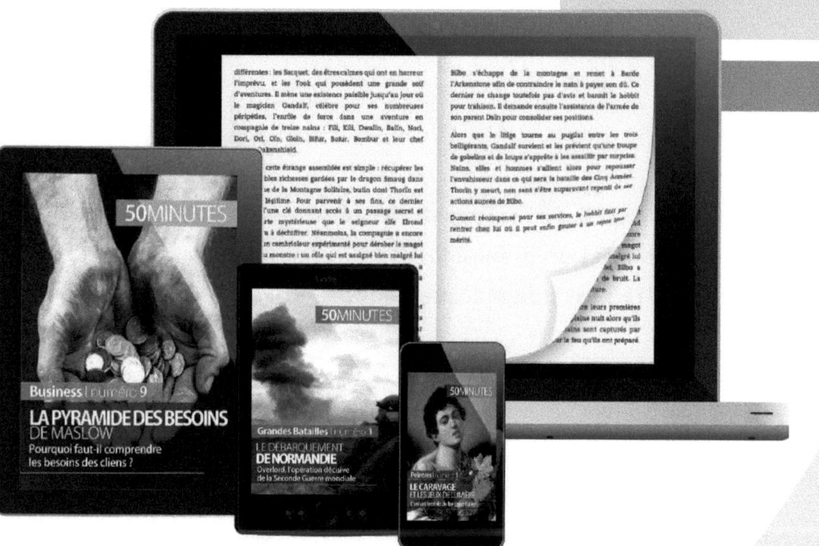

50MINUTES

www.50minutes.com

Éditeur responsable : Lemaitre Publishing
Rue Lemaitre 4 | BE-5000 Namur
info@lemaitre-editions.com

ISBN ebook : 978-2-8062-5806-9
ISBN papier : 978-2-8062-5807-6
Dépôt légal : D/2014/12603-172
Photo de couverture : © *La Joconde*, par Léonard de Vinci, 1503-1505.

Conception numérique : Primento,
le partenaire numérique des éditeurs